교황님, 그 옷밖에 없으세요?

프란치스코 교황님에게 아이들이 보내는 그림편지

축하의 글

유난히 어린이들을 사랑해서
어디서나 어린이들을 보면 그냥 지나치지 못하시는 프란치스코 교황님
그래서 언제나 어린이들 앞에서는 해맑고 천진한 웃음꽃을 피우시는 교황님

이 그림편지 속의 어린이들을 보며
행복해 하실 교황님의 모습을 그려봅니다.

『교황님, 그 옷밖에 없으세요?』
제목부터가 신선한 매력으로 다가오는 아이들의 편지는
교황님이 왜 반지를 끼는지, 혼자 사는지, 결혼은 했는지
어떤 놀이를 좋아하고 어떤 빛깔을 좋아하는지
아이다운 호기심과 꾸밈없는 질문으로 이어집니다.

기도하고 미사를 봉헌하시는 교황님의 거룩한 모습
아프고 가난한 이들의 위로자와 치유자가 되는 이웃 사랑 실천의 교황님 모습
요리하거나 축구를 즐기며 사람들과 소풍 가는 교황님의 인간적인 모습을
다양하게 그려내는 어린이들의 솜씨는 얼마나 사랑스러운지요.
얼마나 자연스럽고 솔직한지요.

이 책을 보는 동안 우리는 바쁘게 살아가느라 잃어버렸던 동심을 찾아
빙그레 웃어보는 독자로 따뜻한 행복을 느낄 것입니다.
"사실 하늘나라는 어린이들과 같은 사람들의 것이다 (마태19:14)"라는
예수님의 말씀을 기억하며 기뻐할 것입니다.
"어린이는 여러분의 희망입니다. 그러므로 책임감을 가지고 그들을 돌보아야 합니다."라는
프란치스코 교황님의 말씀을 더 새롭게 기억할 것입니다.

이 책을 만들어서 우리에게 선물로 안겨주신 분들의
뜻깊은 기획과 사랑의 수고에 축하와 감사를 드립니다.
이 책이 더 많은 이들의 사랑을 받고
교황님을 존경하고 사랑하는 이들의 마음 속에서
오래 빛날 수 있기를 기대하고 기도합니다.

이해인 수녀, 시인

교황님과 아이들의 우정

우리들의 이야기는 2014년 8월, 희망의 등불을 켜고 오셔서 우리의 힘든 삶을 따뜻하게 보듬어 주신 교황님의 한국 방문에서부터 시작되었습니다. 그때 우리 유치원의 '평화반'과 '지혜반'을 맡고 있는 마숙인, 이현아 두 선생님들은 광화문으로 교황님을 만나러 가셨습니다. 선생님들은 다녀오신 후 그 경험을 아이들에게 들려주셨습니다. 아이들 중에는 광화문에 직접 가서 교황님을 만난 아이도 있고, 뉴스나 신문 등의 대중매체를 통해 교황님의 한국 방문을 알게 된 아이도 있었습니다. 그러다 보니 우리들은 자연스럽게 교황님에 대해 궁금한 점들을 서로 나누게 되었습니다.

"선생님, 교황님은 어디에서 살아요?", "한국말도 하세요?", "우리나라에는 왜 오신 거예요?", "교황님은 신부님이세요?", "왜 똑같은 옷만 계속 입어요?", "그 옷밖에 없어요?" 등 수많은 질문을 쏟아 내기 시작했습니다. 그중에서 가장 큰 관심사는 교황님의 흰옷이었습니다. 교황님의 하얀 옷과 모자, 그리고 십자가 목걸이가 아이들의 기억에 가장 크게 남았던 것 같습니다. 아이들은 교황님의 옷과 관련된 질문을 계속해서 쏟아 냈습니다. "교황님은 계속 그 옷만 입는 거예요?", "다른 옷은 안 입어요?" 그러자 선생님께서 아이들에게 "그럼 너희들이 교황님께 옷을 선물한다면 어떤 옷을 선물하고 싶니?"라고 다소 엉뚱한 질문을 하셨습니다. 그러자 아이들은 각자 나름대로 교황님께 어울리는 새로운 옷을 디자인하기 시작했습니다. 그리고 자신들이 디자인한 옷과 함께 교황님께 하고 싶은 이야기를 쓰기도 하고 자신들과 함께 해 주기를 바라는 마음을 그림으로 표현하기도 하면서 교황님께 보내는 편지를 완성했습니다. 아이들의 그림편지를 가만히 들여다보면, 교황님께서 우리보다 어렵고 힘든 사람들, 소외된 사람들에게 손을 내밀고, 그들을 위해 기도하고 함께 해 주시길 바라는 아이들의 맑고 순수한 마음이 그대로 담겨 있습니다. 그리고 아이들이 옷을 디자인하자마자 교황님의 변화무쌍한 '아바타'가 탄생하여 아이들과 함께 신나게 뛰노는 특별한 세계가 오롯이 펼쳐졌습니다. 저는 이 세계를 교황님과 아이들이 진정한 친구가 된 우정의 세계라고 부르고 싶습니다.

이런 아이들의 따뜻한 마음을 저 멀리 계신 교황님께 전해 드렸습니다. 그리고 교황님은 교황청 국무성의 비서관을 통해서 답장을 보내 주셨습니다. 교황님의 답장이 우리에게 얼마나 큰 기쁨과 감격이 되었던지요! 아이들과 교사들은 지금도 그 순간을 떠올리며 솟아오르는 감사와 기쁨을 감출 수 없어 거듭거듭 그 이야기를 하곤 한답니다. 이러한 기쁨을 누릴 수 있게 해 준 아이들의 순수한 마음에 감사하고, 아이들의 그림편지를 아기 예수님 대하듯 애정 어린 눈길로 살펴 주신 주변의 모든 분들에게 진심으로 감사드립니다. 이분들 가운데 차정희 마리아글라라 수녀님은 아이들의 그림편지를 교황님께 전하는 특별한 미션까지 맡아 주셨습니다. 그리고 이해인 수녀님은 우리 아이들 작업을 예쁘게 봐주시고 친히 축하의 글을 보내주셨습니다. 두 분께 감사드립니다. 끝으로 아이들의 마음을 모아 책으로 엮어 주신 이유출판의 두 분 대표님께 축복이 있기를 기원합니다.

박동찬 체칠리아 수녀
수원 데레사 유치원 원장

차례

3 축하의 글
5 교황님과 아이들의 우정

첫 번째 편지
교황님, 어떻게 지내세요?

12 왜 하얀 옷을 입으세요?
14 나쁜 사람들이 착하게 살 수 있도록 기도해 주세요.
16 교황님, 왜 반지를 꼈어요?
18 어디 어디 나라에 다녀오셨어요?
20 교황님, 한국에 어떻게 오셨어요?
22 왜 반지를 꼈어요?
24 교황님, 그 옷밖에 없으세요?
26 교황님을 만나고 싶어요.
28 교황님, 어떤 색을 좋아하세요?
30 교황님, 어떻게 우리나라에 오셨어요?
32 교황님, 행복하세요.
34 교황님, 바티칸에 잘 도착하셨어요?
36 힘든 사람들을 위해 기도해 주세요.
38 궁금한 게 많아요, 왜 그럴까요?
40 교황님, 지금처럼 지내세요.
42 교황님, 가난한 사람을 위해 기도해 주세요.
44 교황님, 나이가 몇 살이세요?
46 교황님, 우리나라에 오셔서 무엇을 하셨어요?
48 어떤 놀이를 좋아하세요?
50 교황님, 왜 반지를 끼셨어요?

두 번째 편지
교황님, 그 옷밖에 없으세요?

56 밝은 색 옷을 입으면 햇볕처럼 빛날 것 같아요.
58 교황님이 여러 색깔을 좋아할 것 같아요.
60 빨간색 옷이 잘 어울릴 것 같아요.
61 교황님이 축구를 좋아하니까 축구 옷이에요.
62 긴 옷을 입으면 교황님이 넘어질 것 같아요.
64 축구옷이에요.교황님이 축구를 좋아하시니까요.
66 청바지와 조끼가 멋질 것 같아요.
68 하늘색 옷이 밝아 보일 것 같아요.
70 검은색 양복을 입으면 멋지실 것 같아요.
71 교황님이 더 멋진 걸 입었으면 좋겠어요.
72 검정색을 입으면 더 멋있어 보이니까요.
74 알록달록색 옷 · 노란색 옷 · 파란색 옷
76 웃는 옷
77 행복하게 해주는 옷
78 기도하는 옷
80 치료해 주는 옷
82 편하고 멋진 옷이에요.
84 제가 제일 좋아하는 보라색 옷이에요.
86 디자인은 그대로인데 빨간색 옷이에요.
87 더 진짜 교황님 같은 옷
88 교황님이 요리하는 것을 좋아하실 것 같아요.
89 편한 바지와 티셔츠예요.
90 아픈 사람을 도와주는 의사옷
92 교황님께 어울리는 축구 옷이에요.
94 하얀색 옷이 제일 잘 어울려요.
96 날개 달린 옷이에요.
98 교황님이 축구를 하면 멋질 것 같아요.
100 십자가 옷이 잘 어울릴 것 같아요.
101 검정색도 입어 보시면 좋을 것 같아요.
102 축구 옷이에요.
103 요리사 옷이에요.
104 형이랑 싸우지 말라고 이야기해 줬으면 좋겠어요.

세 번째 편지
교황님, 우리랑 놀아요.

110 기도하시는 교황님
112 하늘을 '날으시는' 교황님이에요.
114 아픈 사람을 고쳐 주시는 교황님
116 사람들과 함께 축구를 하는 교황님
118 교황님께서 발표를 하고 있어요.
120 저랑 요리를 하는 교황님
122 미사를 봉원하시는 교황님
124 미사를 봉헌하는 교황님
126 나랑 친구들이랑 놀이하는 교황님
127 교황님이 사람들과 축구를 해요.
128 저와 함께 놀이하는 교황님
130 기도를 모르는 사람들에게 가르쳐 주셔요.
132 신비한 약을 만들고 계세요.
133 아픈 사람을 치료해 주셔요.
134 저와 요리하는 교황님이에요.
135 친구들과 교황님이 축구를 해요.
136 아이들과 축구를 해요.
138 사람들과 만나는 교황님
140 꼴까닥. 아멘!
142 축구를 좋아하시니까요.
144 아픈 사람을 치료해 주시는 교황님
146 사람들과 소풍 가신 교황님

에필로그

150 교황님이 아이들에게 보내온 답장
154 아이들의 답장
158 아이들의 그림편지에 담긴 메세지

첫 번째 편지
교황님, 어떻게 지내세요?

" 프란치스코 교황님, 어디 어디 다녀오셨어요?
어떤 나라를 다녀오셨어요?
그리고 어떻게 우리나라에 오셨어요?
힘든 사람들을 위해 기도해 주세요. "

일곱 살 아이들이 교황님에게 보낸 첫 번째 그림편지

안녕하세요.
왜 하얀 옷을 입으세요?
건강하세요.
왜 다른 나라에 살아요?
사랑해요.

왜 하얀 옷을 입으세요? 　　조환희

이 편지글을 보고 있으면 마치 글자들이 교황님과 직접 인터뷰를 하겠다고 우르르 몰려온 것 같은 착각이 듭니다. 어떻게 글자들이 이렇게 살아 있는 것처럼 보이는 걸까요? 문장을 읽기도 전에 글자들의 생김새만으로도 그 뜻이 풍부하게 전달되는 것 같은 이 신기한 느낌은 뭘까요? '사랑해요.' 하며 하트 안에 환희가 자기 얼굴을 그려 넣어서일까요? 글쎄요. 알 수가 없네요. 교황님도 놀라셨는지 눈을 동그랗게 뜨고 글자들에게 인사를 하십니다. 오로지 환희만 그 비밀을 알고 있겠지요.

안녕하세요♡
왜 하얀 옷을 입으세요? 건강하세요
왜 다른 나라에 살아요?
사랑해요♡.

조환희 올림.

프란치스코 교황님,
나쁜 사람들이 착하게
살 수 있도록 기도해 주세요.

나쁜 사람들이 착하게 살 수 있도록 기도해 주세요.　　　김 채 아

채아의 편지는 멋진 교황님을 그리는데 집중한 친구들의 것과는 조금 다른 구석이 있네요.
교황님께 드리는 기도 속에서 채아는 또래 아이들과는 달리 특별한 사람들을 생각하고 있습니다.
우리 주변에서 종종 마주치는 이 특별한 사람들을 채아는 그분에게 부탁하고 있지요.
채아는 어떻게 알았을까요? 교황님이 기도하시면 '나쁜' 사람이 '착한' 사람으로 변한다는 것을!

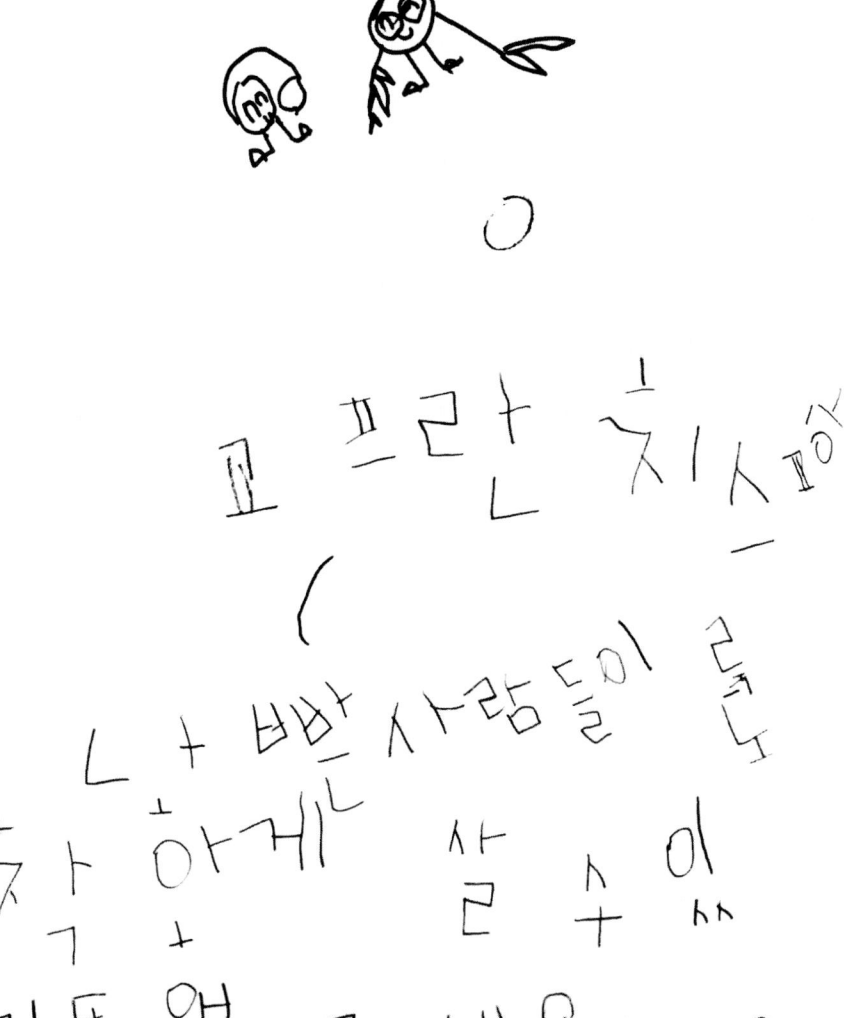

표프란치스아

나쁜사람들이 도
착하게 살수있
기도에 주세요
김재아 올림

왜 하얀 모자 썼어요?
왜 반지를 꼈어요?
교황님, 왜 우리나라에
오셨어요? 데레사 유치원
친구들을 위해 기도해 주세요

교황님, 왜 반지를 꼈어요? 정 시 학

시학이는 교황님에게 궁금한 게 많은가 봅니다. 궁금보따리를 풀자마자 깨알 같은 질문들이
우수수 쏟아집니다. 질문 공세에 놀라셨는지 교황님은 뒤에서 슬며시 다가오는 사람의 인기척을
알아채지 못하시네요. 그런데 누구일까요? 누운 자세로 교황님께 아는 척을 하는 저 꼬맹이와
아줌마는? 아마도 최신형 유모차를 타고 마중 나온 시학이의 동생과 엄마인 것 같은데요….
유모차를 끌고 있는 엄마의 두 팔은 멋진 나뭇잎 침대로 변신했네요.

왜 하얀모자쓰셨어요 정식 학올릴 테레사유치원해주
왜 반지를꼈어요 교황님 왜우리나라 치구들을위해거 에오셨어요절

안녕하세요. 프란치스코 교황님. 어디 어디 나라에 다녀오셨어요? 프란치스코 교황님. 동생이 잘 클 수 있게 기도해 주세요.

어디 어디 나라에 다녀오셨어요?   김민재

민재는 교황님의 모습이 머릿속에 이미 들어 있었던 것 같습니다. 연필로 연습도 하지 않고 단숨에 그렸으니까요. 그렇다고 대강 그렸을 거라고 오해하시면 안 됩니다. 십자가의 끈이 어디에 걸려 있는지를 추적해 보세요. 목부분에 디테일로 정확하게 표현되어 있습니다. 반면 편지글은 지우고 다시 쓰기를 반복해서 정리가 좀 덜되어 보입니다. 그런데 그 와중에도 동생 걱정을 빼놓지 않는 걸 보면 언니다운 모습이 느껴지네요. 기도의 내용도 동생이 '잘 클 수 있게' 되기를 기원하는 것입니다.

안녕해서요 프란치스코교황님
어디어디 나라에 다녀오셔요.
프란치스코교황남 동생이 잘 클수
있게 기도해 주세요. 〈김민재 올림〉

프란치스코 교황님께.
교황님 사랑해요.
한국에 어떻게 오셨어요?
왜 하얀 옷을 입으시나요?
아픈 사람을 위해 기도해
주세요! 건강하세요.

교황님, 한국에 어떻게 오셨어요?　　공 현 수

현수는 교황님 옷을 디자인하기 전에 그분이 지금 입고 계신 옷을 꼼꼼히 그려 보았습니다.
전체적으로는 다른 친구들이 그린 그림과 비슷한데 한 가지 유난히 두드러지는 특징이 있네요.
바로 두 팔의 움직임입니다. 마치 음악에 집중하는 지휘자 같습니다. 부드러운 선율이 두 팔을 통해
흘러나올 것 같네요. 현수의 기도대로 아픈 사람을 위한 것이겠지요?

프란치스코 교황님께- 교황님 사랑해요♡
한국에 어떻게 오셨어요? 왜 하얀 옷을 입으샤ㅛ
아픈사람 기도해주세요! 건강하세요♡

프란치스코 교황님,
왜 반지를 꼈어요?
왜 하얀 모자를 썼어요?
우리 이모가 빨리 낫게
해 주세요.

레오나르도 다빈치, 「인체 비례도」, 1490

왜 반지를 꼈어요? 곽도훈

이 그림은 화면 구성 방식이 매우 인상적입니다. 잘 지어진 건축물을 보는 느낌이라고 할까요. 도훈이는 먼저 글자를 가지고 기단부를 만들고 그 위에 몸체를 세웠습니다. 그리고 크게 벌린 두 팔을 대들보처럼 가로로 놓아 수평축을 완성했습니다. 자세의 당당함으로 보면 레오나르도 다빈치가 그린 인체 비례도의 인물보다 한 수 위입니다. 참고로 두 그림 모두 인체의 수직·수평 비율이 1:1입니다. 교황님이 양팔을 벌려 화면의 테두리까지 손이 닿는지 재 보고 있는 것 같네요.

왜 반지를 꼈어요 왜 하야모자 우리이모가 빨리낫게해주세요
쓰셨어요? 곽도훈올림

프란치스코 교황님,
그 옷밖에 없으세요?
항상 건강하실 수 있도록
기도할게요.
항상 즐겁게 지내세요.

교황님, 그 옷밖에 없으세요?   진예은

이 그림은 아이들에게 중요한 아이디어를 제공한 상징적인 작품입니다. "교황님, 그 옷밖에
없으세요?"라는 예은이의 질문에 다른 친구들이 생각을 보태서 '그럼 우리가 교황님 옷을 디자인해
드리자'고 의견을 모으게 되었기 때문입니다. 또박또박 써 내려간 글씨에서 교황님을 생각하는 예은이의
마음을 엿볼 수 있습니다. 그림에선 단정하고 분명한 선으로 그분의 특징을 잘 잡아내고 있네요.
얼굴의 표정에 집중하면서도 원호를 자연스레 덧붙여서 교황님의 모자를 표현하고 십자가를
정확한 위치에 그려 넣은 점이 인상적입니다. 오른쪽 다리에 겹쳐진 '짧은 다리'는 처음에 반바지로
디자인했다가 교황님에게 어울리지 않는다는 생각이 들어 고친 흔적일까요?

프란치스코 교황님 그옷 밖에 없으시기요? 항상 건강하실수있도록 기도할게요? 항상 즐겁게지내세요 예은올림

어떻게 교황님이 되셨어요?
프란치스코 교황님.
교황님을 만나고 싶어요.

교황님을 만나고 싶어요.   주용현

이 드로잉은 교황님에게 질문하는 용현이 자신을 그린 것인지 아니면 교황님을 그린 것인지 아리송합니다. 자기 자신과 교황님의 모습을 겹쳐서 그린 것 같기도 하고요. 누군지는 잘 모르겠지만 아무튼 콧대도 높아 보이고 다부진 모습입니다. 질문도 인상이랑 비슷하네요. 그런데 여기서 잠깐, 그림의 중심에 그려진 십자가를 잘 보십시오. 대강 쓱쓱 그린 듯 보이는데 예수님의 손과 발에 박힌 못 자국이 선명합니다. 인상이 만만치 않더니만 역시 내공이…….

용혁이올림

어떻게 교황님 이 되셨어요?

프란치스코 교황 님교황님을만 뵈었어

프란치스코 교황님.
어떻게 지내세요?
사랑해요. 건강하세요.
가난한 사람들을 위해
기도해 주세요.
어떤 색을 좋아하세요?

라파엘로 산치오, 「아테네 학당」, 1510

교황님, 어떤 색을 좋아하세요?   문 수 린

수린이가 그린 교황님을 보고 있으면 묘한 균형감이 느껴집니다. 다정함과 엄격함, 차분함과 열정이 공존하는 모습 말입니다. 수린이는 밑그림을 그리지 않고도 군더더기 하나 없이 정확한 묘사력을 보여 주네요. 단순하게 그려진 옷차림 때문인지 오른손 검지를 치켜세운 모습이 두드러져 보입니다. 어디선가 본 듯하다 했더니 라파엘로가 그린 「아테네 학당」에서 하늘을 가리키는 플라톤의 손짓과 똑같네요. 교황님이 '나를 보지 말고 하늘의 태양을 보라'고 말씀하시는 건가요?

프란치스코 교황님 어떻게지내세요 사랑해요 건강하세요
가난한 사람들을 위해 기도해주세요 어떤색을 좋아하세요

수린올림

안녕하세요,
프란치스코 교황님.
어떻게 우리나라에
오셨어요? 사랑해요.

교황님, 어떻게 우리나라에 오셨어요?   최 영 환

지금 막 장난감 상자에서 튀어나온 것 같은 교황님은 뒤뚱거리는 걸음으로 사람들에게 인사를 하고 있네요. 영환이가 만든 앙증맞은 로봇처럼 생긴 이 캐릭터에는 숨은 그림 찾기처럼 여러 가지 기호가 숨어 있습니다. 가슴 가운데 그려진 굵은 십자가와 치마 모양은 마치 제단 위에 놓인 십자가처럼 보이고 팔에 채워진 십자완장과 모자는 의사와 간호사의 것입니다. 촘촘하게 그려진 난간은 교황님의 영역을 암시하며 그분을 부르는 사람들의 목소리는 메아리가 되어 교황님의 머리 위에 두둥실 떠 있습니다.

프란치스코 형님

안녕하세요 프란치스코
형님이 덕계 우리나라에 왔었어요?
사랑해요 영환올림

사랑해요.
친구 있으세요?
아픈 사람 기도해 주세요.
행복하세요.
축구 좋아하세요?
프란치스코 교황님께.

교황님, 행복하세요.   박지연

지연이의 교황님은 아주 친근하게 느껴지는 분입니다. 지연이와 친한 사람들을 모두 합성해 놓았다고
할까요? 머리 모양과 긴 치마로 봐서는 엄마 같기도, 유치원 선생님 같기도 합니다. 그래서 그런지
편지 내용도 애교가 넘칩니다. 적극적으로 교황님께 하트를 날리고 "행복하세요."하며 그분의
행복을 걱정하고 있습니다. 어른 입장에서는 뒤통수를 맞은 것 같은 기분입니다. 그동안 우리는
그분의 행복에 대해서는 생각해 본 적이 별로 없으니까요.

사랑해요 ♡ 친구있쓰세요?
아픈사람 기도해주세요! 행복
하세요 ♡♡♡ 축구 좋아하세요??
? 프란치스코 할닙께 ♡
지연올림

프란치스코 교황님,
바티칸에 잘 도착하셨어요?
교황님, 왜 우리나라에
오셨어요?

교황님, 바티칸에 잘 도착하셨어요?   심 재 형

높이 솟은 모자와 가슴에 새겨진 십자가, 수단 위에 촘촘히 그려진 줄단추. 재형이의 그림은 언뜻 보면
연필 따로 손 따로인 것 같지만 교황님의 특징을 하나도 놓치지 않고 있습니다. 재형이는 편지에서
교황님의 한국 방문을 과감하게도 두 개의 질문으로 요약하고 있습니다. 왜 오셨는지 그리고
잘 가셨는지? 이 수준 높은 질문에 우리는 곰곰이 생각에 잠기게 됩니다. 오셨으니 가신 것은 알겠는데,
교황님은 정말 왜 오셨을까요?

교황 바티칸에 잘 도착하셨어요

교황님오배우리나자에이오셨어쓰요

프란치스코교황님
심재형올림

안녕하세요?
프란치스코 교황님.
어디 어디 다녀오셨어요?
어떤 나라를 다녀오셨어요?
그리고 어떻게 우리나라에
오셨어요? 힘든 사람들을
위해 기도해 주세요.

힘든 사람들을 위해 기도해 주세요.   김 예 담

예담이가 그린 교황님한테선 여성적인 부드러움이 풍깁니다. 옆에 있는 꽃 기둥을 바라보는 눈길도 그렇고 미사보를 쓰고 스카프를 두른 듯한 모습도 평소 우리가 알고 있는 그분이 아니네요. 수녀님이 아닐까 하는 생각이 들 만큼 말이죠. 혹시 예담이는 여성 교황님을 기대하고 있는 걸까요? 걸음걸이도 예사롭지 않네요. 아래쪽에 있는 글자의 바다 위에서 파도타기를 즐기는 듯한 모습입니다.

안녕하세요? 프란치스코교황님 어디어디다녀오셨어요 어떤 나라를 다녀오셨어요? 그리고어떻게우리나라에오셨어요 힘든 사람들을 위해기도해주세요

한국에는 왜 오셨어요?
왜 맨날 지팡이를 들고
다니세요?
왜 맨날 모자를 써요?
궁금한 게 많아요.
왜 그럴까요? 사랑해요.

궁금한 게 많아요. 왜 그럴까요?　　　　이유민

유민이가 그린 교황님의 모습도 우리에게 익숙한 모습은 아닌 것 같습니다. 그림에 열중하다 보니 자기도 모르게 유민이 자신의 모습을 그린 걸까요? 혹시 교황님을 너무나 사랑해서 그런지도 모르겠습니다. 얼굴은 몰라도 커다란 십자가와 지팡이는 분명 유민이의 것은 아니라서 더 자세히 그린 것 같습니다. 유민이가 '왜 맨날 들고 다니시냐'고 궁금해하는 지팡이는 목자가 양을 칠 때 사용하는 것으로 '목장'이라고 불리는 그분의 표식이지요.

한국에는 왜오셨어요? 왜맨날지팡이들고다니세요? 왜맨날모자를 써요? 궁금한게많아요 왜그럴까요 사랑해요 유인올림.

안녕하세요.
프란치스코 교황님.
어떻게 지내세요? 지금처럼
지내세요. 사랑해요.

교황님, 지금처럼 지내세요.　　이 주 영

주영이의 교황님은 '지금처럼' 지내시는 교황님입니다. 그분이 한국에 오셨을 때의 모습을 기억하며
지금도 여전하시냐고 안부를 묻고 있네요. 당시 교황님의 모습이 주영이에게 꽤 인상적이었나 봅니다.
그분의 건강을 걱정하는 주영이의 마음이 느껴집니다. 이 그림편지에서는 꼼지락거리는 글자들이
마치 교황님과 숨바꼭질을 하는 것 같네요. 교황님에게 보내는 따듯한 질문과 애정 표현이
바람결을 닮은 속삭임이 되어 그분을 간지럽힙니다.

프란치스코 교황님,
한국에 어떻게 오셨어요?
가난한 사람들에게
기도해 주세요.

교황님, 가난한 사람을 위해 기도해 주세요.   나 원 석

이 그림에서 교황님은 하나의 모습이 아닙니다. 높은 단 위에 있는 동상 같기도 하고 앉아 있다가 일어선 모습을 겹쳐 그린 것 같기도 하네요. 밑그림을 그리지 않고 조심조심 그려 나간 펜의 움직임이 마치 처음 가 보는 곳을 찾아 길을 나선 탐험 소년처럼 느껴집니다. 얼굴 주위를 맴도는 여러 겹의 선들이 원석이의 이런 마음을 전해 주네요. 물론 그다음부터는 좀 더 자신 있게 그려 나간 것 같기도 합니다. 원석이는 또 한글을 가지고 마술도 부리고 있습니다. '가난한 사람들'이 뒤에 이어지는 '에게 기도해 주세요'와 멋지게 이어지는 모습을 보세요.

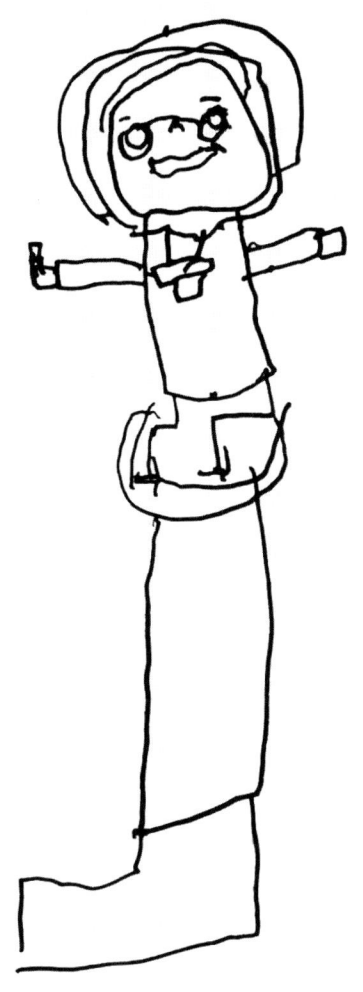

프란츠스코교황 남한국에어떻게오셨어요?
가난한사람들에게기도해주세요

윤석올림

프란치스코 교황님
안녕하세요? 프란치스코 교황님, 나이가 몇 살이세요? 그리고 할머니, 할아버지가 건강하실 수 있도록 기도해 주세요.

교황님, 나이가 몇 살이세요?   이 은 열

은열이가 만든 그림편지는 아파트를 닮았습니다. 5층으로 된 이 아파트는 왼쪽과 오른쪽으로 나뉘는데 교황님이 왼쪽 옥상에 슈퍼맨처럼 나타나셨네요. 그러자 사람들도 교황님 쪽으로 모두 몰려왔습니다. 1층에선 은열이가 3층에 계시는 할머니, 할아버지의 건강을 위한 기도를 부탁하고 있네요. 교황님은 알았다는 듯 윙크로 사인을 보냅니다.
이 건물의 옥상 왼쪽에는 그분을 위하여 증축한 '게스트하우스'가 보이네요.

프란치스코교황님 안녕하세요

프란치스코 교황님 나이

몇 살이세요 그리고

할머니 할아버지가

건강 하실수있도록

기도해주세요   이은열올림 프란치스코 교황님

프란치스코 교황님께.
왜 하얀 옷을 입고 계세요?
저희 친할아버지를 위해
기도해 주세요. 우리나라에
오셔서 무엇을 하셨어요?
건강하세요. 저 건강하게
해 주세요.

교황님, 우리나라에 오셔서 무엇을 하셨어요?   김 나 예

나예의 그림은 보기에 따라 다른 공간감이 생겨납니다. 예를 들어 이 그림을 수직적인 구도로 보면, '글자 위에 사람들' 그리고 '사람들 위에 교황님'으로 보입니다. 그런데 원근법으로 다시 보면 '글자들 앞에 사람들' 그리고 '사람들 앞에 교황님'으로 보일 겁니다. 이렇게 보면 근경에는 글자들, 중경에는 사람들, 원경에는 교황님이 보이는 깊은 공간감이 생겨나지요. 단정하게 모여 있는 사람들 뒤로 편지글도 다소곳이 앉아 있네요.

프란치스코 교황님께 왜하얀옷을입고계세요
저의 친할아버지를위해기도해주세요 우리나라
에오셔서무엇을하셨어요? 건강하세요♡
저건강하게해주세요~선참예올림

프란치스코 교황님께.
병에 걸려 아픈 사람들을
위해 기도해 주세요.
어떤 놀이를 제일
좋아하세요?
어떤 꽃을 좋아하세요?

어떤 놀이를 좋아하세요? 정 레 아

그림에서 선(line)을 어떻게 표현하는가 하는 문제는 영원한 숙제입니다. 레아는 흥미롭게도
이 그림에서 서로 다른 느낌의 선을 보여 주네요. 하나는 거침없는 선, 다른 하나는 조심스레 이어진
선입니다. 얼굴을 그릴 때 레아의 손은 거침이 없습니다. 모자 부분에 나타난 빠르고 자신 있는 크로키를
보세요. 날카로운 톱니 패턴을 단숨에 그렸습니다. 반면에 옷을 그릴 때는 아주 조심스러워졌습니다.
조심스럽다 못해 떨리기까지 했네요. 교황님의 옷을 처음 그려 보기 때문일까요?

프란치스코 교황님께 병에 걸려서 아픈 사람들을 위해 기도해주세요 어떤 놀이를 제일 좋아하세요 어떤 꽃을 좋아하세요?

레아 올림

교황님께, 한국에 어떻게
오셨어요? 건강하세요.
사랑해요. 교황님 다른
사람들을 위해 기도해 주세요.
왜 반지를 끼셨어요?
우리 아빠 허리 빨리 낫게
해 주세요.

교황님, 왜 반지를 끼셨어요?　　　박 서 윤

밑그림 없이 단번에 그려진 이 드로잉에서 그분의 모습을 정확히 잡아낸 서윤이의 실력이 엿보입니다.
모자 밖으로 삐져나온 머리카락과 안경 너머로 보이는 착한 눈빛에서 교황님의 인간적인 모습이
느껴집니다. 대칭에 대한 감각도 돋보입니다. 안쪽으로 오목하게 그려진 상의 하단 부분 디테일은
이 옷에 특별한 느낌을 더해줍니다. 교황님 발에는 바퀴를 달아 편지글 사이를 달릴 수 있게 했습니다.
대견하게도 서윤이는 아빠의 허리 통증까지 걱정하고 있네요.

교황님께 한국에어떻게오셨어요? 건강하세요사랑해요 교황님 다른사람들을위해 기도해주세요 왠반지를 끼셨어요? 우리아빠 허리 빨리낫게 하주세요.
　　서윤 올림

두 번째 편지
교황님, 그 옷밖에 없으세요?

❝ 그럼 너희들이 교황님께
옷을 선물한다면 어떻겠니? ❞

그러자 아이들은 나름대로
교황님께 어울리는 새로운 옷을
디자인하기 시작했습니다.

교황님을 위한 아이들의 패션 디자인 이야기

밝은색 옷을 입으면
햇볕처럼 빛날 것 같아요.

밝은색 옷을 입으면 햇볕처럼 빛날 것 같아요.   고 은 준

은준이는 교황님에게 태양처럼 빛나는 황금색 옷을 입혀 드렸네요. 아마도 카리스마 넘치는
교황님의 모습을 원했나 봅니다. 빛나는 옷도 그렇지만 부리부리한 눈매와 짙은 눈썹, 손바닥만 한 귀,
돌기둥 같은 코는 우리가 알고 있는 그분의 모습이 아니네요. 게다가 힘차게 들어 올린 오른팔은
슈퍼맨처럼 느껴집니다. 그러게요. 인자하게만 보이던 그분의 내면에 정말로 이런 영웅이
숨어 있을지도 모르겠네요.

밝은색 옷을 입으면
햇볕처럼 빛날것 같아요

교황님이 여러 색깔을
좋아할 것 같아요. 그래서
여러 색깔을 넣었어요.

교황님이 여러 색깔을 좋아할 것 같아요.   정소율

소율이는 여러 가지 색깔로 된 옷을 디자인했습니다. 입으면 얼굴과 몸까지 색깔로 물드는 옷입니다.
교황님이 한두 가지 색깔만 좋아하시는 분이 아니니 이 옷도 좋아하실 게 분명합니다.
그리고 여러 색깔을 좋아하시니 당연히 여러 색깔의 피부를 가진 사람 모두를 다 좋아하시는 거겠죠.
꽃들도 알록달록 수많은 색으로 피어나듯 사람에게도 색깔이 있습니다. 피부색뿐만 아니라
우리의 마음도 무지개를 닮았으니까요.

빨간색 옷이요.
교황님께는 빨간색 옷이
잘 어울릴 것 같아요.

빨간색 옷이 잘 어울릴 것 같아요.   박 예 선

예선이의 교황님은 아주 멀리서 오신 분 같습니다. 가늘고 긴 팔과 다리, 커다란 머리와
망원 렌즈를 낀 두 눈을 보세요. 지구에선 본 적이 없는 모습입니다. 혹시 은하계에서
오신 걸까요? 아니면 더 먼 곳에서 오셨을까요? 빨간색 몸통에 그려진 십자가는
성당 안의 감실처럼 보이는데 이 안에 아주 중요한 정보가 들어 있을 것만 같습니다.
볼수록 사랑스럽고 신비하면서도 친근하게 느껴지는 모습입니다.

축구 옷이에요.
교황님이 축구를
좋아하니까요.

교황님이 축구를 좋아하니까 축구 옷이에요.　　　박선우

선우는 그림을 좀 터프하게 그리는 편입니다. 그래서인지 대충 그린 듯 보이기도 합니다. 근데요, 투가리보다 장맛이라고 선우의 그림을 자세히 보면 작가의 진정성이 나타납니다. 교황님의 얼굴 주위에 연필로 그려진 두 개의 크고 작은 원을 보세요. 얼굴의 크기를 정하기 위해 애쓴 흔적입니다. 축구화 바닥에는 강력한 스파이크가 달려있어 최고의 품질을 자랑하고 있네요. 등번호 18번이 새겨진 유니폼은 빨강과 파랑의 색상대비가 선명합니다. 이 모든 것에 비해 상대편 선수의 초라한 모습이라니!

편안한 옷이예요.
긴 옷 입으면 넘어질
것 같아요.

긴 옷을 입으면 교황님이 넘어질 것 같아요.   강하늘

이 그림은 언뜻 보면 마치 삐에로를 그린 것처럼 보입니다. 빨간 모자와 빨간 바지, 노란색 쫄티 그리고
파란색 신발이 상큼하게 어울리는 삐에로! 그렇다면 교황님이 정말 삐에로가 되신 걸까요? 하지만
이 그림을 자세히 보면 그분에 대한 하늘이의 깊은 마음이 드러납니다. 바탕에 희미한 연필 자국으로
남겨진 교황님의 예복이 그 증거입니다. 하늘이는 치마처럼 긴 예복 때문에 혹시 교황님이 넘어지실까
염려해서 활동하기 좋은 간편한 옷을 디자인해 드린 것이죠. 그래도 이왕이면 개성이 있어야 하니까
삐에로 스타일을 선택한 것 아닐까요? 그러면서도 하늘이는 핑크빛 십자가와 모자를 남겨 놓아서
이 옷이 누구 것인지 확실히 말해 주고 있네요.

편안한 옷이에요 건 옷 입으면 넘어질 것 같아요

축구 옷이에요.
교황님이 축구를
좋아하시니까요.

축구 옷이에요. 교황님이 축구를 좋아하시니까요. 　　배 승 윤

승윤이는 스포츠 패션에 탁월한 감각을 지니고 있습니다. 그렇지 않다면 이렇게 멋진 유니폼과
축구공의 생생한 표현이 불가능했을 테니까요. 파란색의 수직선이 선수의 자세를 잡아 주고,
양팔과 가슴의 빨간색이 수평선을 이루는 유니폼은 움직이는 십자가를 만들고 있습니다.
그래서 구도와 색상의 단순한 처리가 더 돋보입니다. 교황님에겐 등번호 100번이 부여되었네요.
이 정도면 국가대표의 유니폼으로도 손색이 없을 정도입니다. 축구공의 움직임 또한 걸작인데
이건 승윤이가 직접 찍은 슬로비디오입니다.

축구옷이 어요
푸랑 남에
축구 그리고
좋아해 두까요
박선우

청바지와 조끼를 입으시면
멋질 것 같아요.

청바지와 조끼가 멋질 것 같아요. 강 해 솔

해솔이는 연필로 쓴 글을 지우고 그 위에 다시 사인펜으로 글을 써서 편지를 완성했네요.
글씨는 시원시원하고 좋은데 자세히 살펴보니 지워진 편지가 더 완성도가 높았던 것 같습니다.
아쉬운 마음으로 페이지를 넘기려는데 시선을 붙잡는 요소가 나타났습니다. 바로 해솔이의
멋진 사인입니다. 보라색 십자가와 승리의 'V'자가 결합된 독특한 디자인입니다. 목에 걸린 십자가에서
누가 감히 이런 추상적인 형태를 끄집어낼 수 있을까요? 해솔이가 아니면 어려울 겁니다.

청바지와 조끼를 입으신
멋젓같아요 해솔 올림 V

하늘색 옷이에요.
밝아 보일 것 같아요.

하늘색 옷이 밝아 보일 것 같아요.   강 민 성

민성이의 그림에는 특별한 공간이 펼쳐져 있습니다. 이 그림은 크게 두 개의 공간으로 구성되어 있네요.
교황님이 서 있는 위쪽의 공간과 사람들이 모여 있는 아래쪽 공간. 원래 이 두 공간은 하나였는데
교황님이 하늘색 옷을 입고 일어서자 갑자기 닫혀 있던 공간이 탁 하고 열리며 둘로 나뉜 것이죠.
마술 램프와도 같은 공간 구성이네요. 색상뿐만 아니라 사람들의 크기도 강렬한 대비를 이룹니다.
그런데 교황님의 두 발에 찍힌 점들은 무엇일까요? 혹시 예수님의 발에 박혔던 못 자국일지도….

하늘색옷 입애얿밟 자보일것잖아요

검은색 양복이에요.
미사 드릴 때 입으면
멋지실 것 같아요.

검정색 양복이에요
미사드리실때 입으면
멋지실 것 같아요

검은색 양복을 입으면 멋지실 것 같아요.   김이현

이현이는 교황님께 파격적인 제안을 했습니다. 십자가는 하나도 없는 검정색 양복을
내놓은 것이지요. 아마도 이 양복은 이현이 아빠의 옷장 속에도 들어 있을 것 같네요.
사실 검정색은 흰색과 서로 통하는 색이라 할 수 있지요. 검정색은 죽음을, 흰색은 부활을
뜻하는데 죽음과 부활은 떼어 놓을 수 없으니 이 둘은 서로 의지하는 색입니다.
밝은 색 옷만 입으시는 교황님이 이현이의 이런 제안에 과연 뭐라고 답하실지 궁금합니다.

청록색 옷이에요. 흰색은
아무것도 없으니까 더 멋진
걸 입었으면 좋겠어요.

교황님이 더 멋진 걸 입었으면 좋겠어요.   명 지 운

지운이는 교황님의 흰색 옷이 맘에 들지 않나 봅니다. 흰색을 '아무것도 없는' 색이라고
말하는 지운이의 표현이 새롭게 느껴지네요. 몸속의 세포가 꿈틀거리며 나날이 성장하는
지운이에게 흰색은 아무래도 지루한가 봅니다. 뭔가 생명력이 느껴지는 색깔을 원해서
교황님의 흰옷을 다른 색으로 바꾸고 싶었겠지요. 청록색을 제안해 놓고 노란색 위주로
그려진 이 그림에서 정작 시선을 끄는 것은 선을 사용하는 방식입니다.

신부님 미사 드릴 때 입는 옷이에요. 그런데 검정색이에요. 검정색을 입으면 더 멋있어 보이니까요.

검정색을 입으면 더 멋있어 보이니까요.   최영환

이 옷은 교황님을 위한 것이라고 하기엔 좀 튀는 스타일입니다. 영환이는 그림을 그릴 때 선택과 집중을 잘하는 것 같습니다. 어떤 것은 과감하면서도 꼼꼼하게 표현하고 나머지는 쓱쓱 적당히 그리는 것 같은데 뭔가 특별함이 느껴지네요. 작가의 힘찬 에너지가 전해져서 그럴 겁니다. 그런데 더 눈에 띄는 부분이 있네요. 교황님이 가슴에 품고 있는 노란색의 빛과 십자가인데 이 십자가는 마치 꼼지락거리는 생명체처럼 그려졌습니다. 여기서 엄마 배 속의 아기를 떠올린다면 무리일까요? 노란색이 검정색과 숨바꼭질을 하는 듯한 표현도 멋집니다.

알록달록색 옷   정시학

시학이는 교황님에게 색동옷을 닮은 무지개 옷을 입혀 드렸습니다. 무지개는 대홍수가 일어난 뒤 노아의 가족들에게 평안과 희망을 약속하는 하느님의 표시였습니다. 그분에게 무지개 옷을 디자인해 드린 걸 보면 시학이는 뭔가를 알고 있었던 것 같은데요. 유치원 친구들을 위해 기도해 달라고 하던 시학이의 편지에 우리의 기도도 함께 동봉하고 싶습니다. 한반도에 평화와 희망을….

노란색 옷   정레아

조심조심 교황님의 옷을 그려본 레아는 친구들과는 다른 전략을 세웠습니다. 디자인은 그냥 두고 색깔만 바꾸겠다는 거지요. 그래서인지 교황님의 수단이 정확하게 표현되어 있네요. 우리에겐 낯설어 보이는 망토까지 제대로 그렸습니다. 지금의 디자인을 존중하겠다는 거죠. 형식은 유지하되 내용만 살짝 조정해서 새롭게 하는 실속 있는 제안입니다. 이렇게 해서 교황님의 샛노란 수단이 탄생하였네요. 이 옷은 불쌍한 사람들을 도와주는 그분을 더 '잘 보이게' 하는 옷이랍니다.

파란색 옷   김정연

정연이는 손에 잘 잡히지 않는 펜으로 그림을 그렸나 봅니다. 아니면 정연이의 손이 좀 작아서 그런 걸까요? 그림을 보고 있으면 펜과 씨름을 하며 교황님의 옷을 디자인하느라 안간힘을 쓰는 정연이의 모습이 떠오르네요. 그래서인지 디테일을 표현할 때 어려움을 느낀 것 같습니다. 하지만 정연이는 그분의 유머 감각을 누구보다도 잘 표현했습니다. 교황님이 십자가 모자를 가지고 묘기를 부리며 사람들에게 웃음을 주고 있으니까요.

웃는 옷이에요. 교황님이
다른 사람들을 도와주시니까
사람들이 교황님을 보고 웃게
돼요. 그래서 웃는 옷이에요.

웃는 옷   나 원 석

드디어 '웃는 옷'이 등장했습니다. 이런 옷이 가능할 거라고는 미처 생각하지 못했는데
원석이의 디자인으로 증명이 되었네요. '웃기는' 옷이 아니라 '웃는' 옷이라는 점을
기억해주세요. 사람들을 웃기기 때문이 아니라 다른 사람을 '도와주시는' 그분을 보며
모두가 행복해져서 웃게 된다는 겁니다. 이렇게 참신한 아이디어를 가진 디자이너는
아직 본 적이 없는데…. 매우 특별한 옷이라 뭐라고 토를 달기는 어렵지만
한 가지 특이한 점은 이 옷을 입으면 얼굴 표정까지 웃는 모습이 될 것 같다는 점입니다.

교황님이 아픈 사람을
행복하게 하는 옷이에요.

행복하게 해주는 옷 　　　박서윤

현재의 교황님 모습을 그려 본 서윤이는 새로운 옷에서 과감한 시도를 했습니다.
출발은 그분의 예복에서 했으나 다른 결과를 얻은 것 같습니다. 아랫부분과 윗부분이
하나로 합쳐진 원피스가 되었네요. 서윤이는 교황님을 상징하는 요소들을 대부분
생략하고 부드러운 하늘색 옷으로 바꾸었습니다. 마치 천사들이 입는 옷처럼 보이네요.
서윤이 말대로 아픈 사람을 끌어안아 행복하게 만들어 주는 옷이겠지요.

기도하는 옷이에요.
옷에 십자가가 있어요.

산 피에트로 대성당 평면도

기도하는 옷   곽도훈

도훈이는 십자가로 할 수 있는 모든 것을 보여 주고 있습니다. 십자가 모음 같은 이 그림엔 언뜻 보면 잘 보이지 않는 비밀이 숨어 있습니다. 십자가의 모양과 위치에 집중하면서 가톨릭과 관련된 유명한 건물을 떠올려 보세요. 혹시 생각나셨나요? 그렇습니다. 이 그림은 바로 바티칸에 있는 산 피에트로 대성당의 평면도와 매우 비슷합니다. 특히 가운데의 빨간색 부분은 미켈란젤로가 교황 바오로 3세에게 제시한 초기 설계안과 거의 같습니다. 놀라셨죠? 도훈이의 그림에 가톨릭을 상징하는 건물이 숨어 있다는 사실! 다리 부분만 더 둥글게 그렸다면 광장의 회랑까지 닮을 뻔했네요.

기도하는 옷이에요
오예십짜가있어

이 옷을 입고 아픈 사람을
치료해 주면 좋겠어요.

치료해 주는 옷   김보성

보성이는 지금 '그림기도'를 드리고 있습니다. 말로 하는 기도가 아니라 그림으로 하는 기도 말입니다.
교황님이 팔에 깁스를 한 환자를 돌보고 있는데 둘 사이로 커다란 녹색 십자가가 날갯짓을 하고 있네요.
아픈 사람을 치료해 달라는 보성이의 그림기도를 보고 황급히 나타난 것 같습니다.
아주 멋진데요! 그런데 이 십자가는 우리가 알고 있는 딱딱한 십자가가 아니네요. 네 개의 부드러운
날개를 펄럭이며 아픈 사람을 찾아 주는 바람의 십자가일까요? 그렇다면 이것이야말로 진정한
십자가라고 할 수 있겠네요.

이 옷을 입고 아픈 사람을 치료해주면 좋겠어요

편하고 멋진 옷이에요.
사람들이 좋아할 것
같아요.

편하고 멋진 옷이에요. 공 현 수

현수는 교황님에게 샛노란 개나리 드레스를 디자인해 드렸네요. 롱드레스라서 조금 불편할지는 모르겠지만 멋지고 우아합니다. 이 느낌은 그림 전체에 은은하게 퍼져 있는데 특히 양팔과 드레스의 디테일이 돋보입니다. 몸체에 딱 붙어 있다가 바깥쪽으로 삐져나온 새침한 왼손을 보세요. 드레스의 끝단도 같이 삐져나왔네요. 들어 올린 오른팔과 살짝 기울어진 얼굴은 반대편으로 미묘한 파장을 만들고 있습니다. 그분에게 이런 모습이 있었는지 몰랐습니다.

편하고 멋진옷이에요. 사람들이 좋아할 것 같아요 공현수

보라색 옷이요.
보라색은 제가 제일
좋아하는 색이니까요.

제가 제일 좋아하는 보라색 옷이에요.   권 도 연

도연이는 옷을 디자인했다기보다는 갖고 있는 옷 중 제일 좋아하는 보라색 옷을 선물해 드린 것
같습니다. 사실 도연이는 옷보다 무대 디자인에 더 관심이 많은 것 같습니다. 그분의 머리 위에 떠있는
붉은 태양과 조각구름 그리고 오색 무지개, 그분이 오신 걸 알고 날아온 새들이 멋진 무대를 만들어
줍니다. 특히 교황님의 발아래에서 그분을 올려다보고 있는 새 한 마리는 교황님의 선배이신 아시시의
프란치스코 성인을 떠올리게 하네요.

디자인은 그대로인데
색은 빨간색이에요.
그럼 더 멋질 것 같아요

디자인은 그대로인데 빨간색 옷이에요.   장우준

우준이가 디자인한 옷은 중세 기사의 기백이 엿보입니다. 빨간색 기둥처럼 생긴 몸체 위에
큼직하게 그려진 얼굴에 자신감이 넘치네요. 시선을 들어 멀리 바라보는데 두 눈은
깊은 생각에 잠긴 듯하고 산처럼 우뚝 솟은 코는 '큰바위 얼굴'을 닮았습니다. 이 얼굴을
사뿐히 감싸고 있는 흰색 스카프 좀 보세요. 치명적인 우아함이 느껴지네요. 위풍당당하게
그려진 두 손 근처에는 조심조심 십자가를 연습한 드로잉 흔적도 보입니다.

팔찌 묵주. 십자가 목걸이가
많으면 좋겠어요.
그럼 더 진짜 교황님
같을 것 같아요.

더 진짜 교황님 같은 옷   이주영

이 그림에서 주영이는 교황님에게 선물을 잔뜩 해 드렸습니다. 팔찌와 묵주 그리고
십자가 목걸이까지. 주영이의 선물로 교황님 기분이 무척 좋아지신 것 같네요.
초록색 옷은 주영이의 바람대로 선물을 가득 담는 주머니로 보입니다. 주영이는
교황님에게 가서 자기가 진짜 교황님처럼 보이게 해 주겠다고 큰소리를 쳤는데 그분은
파란색 팔찌를 내보이며 말씀하십니다. "내가 정말 진짜로 교황이라니까!"

요리사 옷이에요. 교황님이
요리하는 것을 좋아하고
요리를 좋아하실 것 같아요.

교황님이 요리하는 것을 좋아하실 것 같아요.   김 선 우

선우는 지금 막 요리를 마친 유명한 셰프와 인터뷰를 하기 전 기념사진을 찍었습니다.
셰프의 이름은 아르헨티나 출신의 프란치스코, 오늘의 메뉴는 토마토소스 스파게티.
푸짐한 접시 옆에 스푼과 나이프, 포크까지 완벽한 식탁을 차려 놓았네요. 파스텔 색조의
산뜻함과 부드러움이 그림 전체에 퍼지는 가운데 유달리 진한 스파게티 소스가
식욕을 자극하네요.

바지와 티셔츠예요.
그럼 더 편하실 것 같아요.

바지와 티셔츠에요.
그럼더 편하실 것같아요.

편한 바지와 티셔츠예요.   김보민

보민이는 교황님을 편하게 해 드리고 싶은 마음이 큰 것 같습니다. 그래서 편하고 깜찍한 티셔츠와 바지 패션이 탄생하게 되었네요. 편한 것도 물론 중요한 포인트인데 색상을 다루는 보민이의 감각이 예사롭지 않네요. 노랑과 빨강의 빗줄무늬 디자인은 거의 전문가 수준이네요. 게다가 코믹한 표정 연기까지. 애니메이션의 주인공이라고 해도 손색이 없을 것 같습니다. 하지만 모자만 보아도 그분이라는 걸 금방 알 수 있겠네요.

의사 옷이에요. 교황님은
다른 사람들을 도와주시니까
아픈 사람을 도와주는
의사와 비슷한 것 같아요.

아픈 사람을 도와주는 의사 옷   김 승 모

승모는 교황님에게 의사 역할을 부탁드렸네요. 그분도 의사 가운이 마음에 드시나
봅니다. 파란색 가운을 입은 교황님이 왕진 가방과 한 몸이 되어 함박웃음을 짓고
있네요. 두 개의 점과 하나의 곡선만으로 이렇게 환한 얼굴 표정을 그려 낸 승모의
실력에 교황님도 놀라셨을 겁니다. 박력 있게 표현된 손가락에서는 의사로서의 자심감이
느껴지네요. 승리의 'V'사인을 보세요.

의사 옷에게요 교황님은 아픈 사람들을 도와주시니까요 아픈 사람도 와주는 의사와 비슷한거 같아요

축구 옷이에요.
교황님이 축구를
좋아하시니까
딱 어울린다고 생각했어요.

> 축구옷이예요
> 교황님이 축구를 좋아
> 하시니까 딱 어울린다
> 고 생각했어요.
> 윤아

교황님께 어울리는 축구 옷이에요.   김윤아

윤아의 말대로 이 옷은 정말 교황님에게 딱 어울리는 유니폼이네요. 그분이 태어나신 아르헨티나 축구 국가대표 선수의 분위기가 물씬 납니다. 교황님도 이 멋진 유니폼을 보면 당장이라도 수단을 벗어던지고 축구장으로 달려가고 싶으실 겁니다. 이 선수를 위풍당당하게 받쳐 주고 있는 축구화의 뒷굽 디테일도 일품이네요. 아랫쪽을 살짝 내려다보시는 교황님의 눈길에서도 프라이드가 느껴집니다.

그늘에서 교황님이
쉬고 있어요.
옷은 그대로 하얀색이에요.
그게 제일 잘 어울려요.

하얀색 옷이 제일 잘 어울려요.　　이 하 윤

이 그림편지에서는 더운 여름 뙤약볕 아래서 여러 사람들을 만나 위로해 주시던 교황님에 대한 안쓰러움이 묻어납니다. 그분이 더우실까 나무도 햇볕 쪽으로 가지를 뻗어 그늘을 만들고 있습니다. 작은 기적이 일어난 거죠. 덕분에 나무그늘 아래에서 쉴 수 있게 된 교황님은 투명 옷을 입고 시원해지셨네요. 옆에서 불어오는 소용돌이는 하윤이의 바람인 셈이지요. 교황님을 땅에서 살짝 솟아난 돌 위에 올려놓은 디테일에서도 하윤이의 마음을 엿볼 수 있습니다.

날개 달린 옷이에요.
교황님이 천사 같아서요.

날개 달린 옷이에요. 이 서 진

날개 달린 옷을 디자인한 서진이의 제안에서 교황님에 대한 어린이들의 생각을 가늠할 수 있습니다.
서진이의 그림이 빛을 발하는 것은 특별한 아이디어뿐만 아니라 신선한 표현 방식에 있습니다. 서진이는
무려 네 가지 스타일의 옷을 중첩시켜 표현했습니다. 교황님의 전통 복장(노란색), 초록색 바지와
보라색 티셔츠, 파란색의 날개 그리고 빨간색 망토이지요.

날개달린 옷이에요.교황님이 천사같아서요.

축구 옷이에요.
교황님이 축구를 하면
멋질 것 같아요.

32 page

교황님이 축구를 하면 멋질 것 같아요. 　　박 지 연

사실 우리는 자신의 행복에 대해서는 민감하지만 다른 누군가의 행복에 대해선 좀 무심한 편입니다.
게다가 교황님의 행복은 우리와는 다른 차원의 문제라고 생각해서 아예 관심을 두지 못하지요. 그런데
그분과의 만남에서 우리만 행복했을까요? 아닐 겁니다. 그분도 우리에게서 위로를 받았다는 말씀을
남기고 가셨거든요. 지연이처럼 우리도 그분의 행복에 관심을 가지면 어떨까요? 다행히 여기 파란
유니폼의 교황님은 행복해 보이네요.

축구옷이에요.
교와 넘이축구
를 하면 머질것
같아요. ㅡ 박
지연.

기도를 많이 하시니까 십자가
옷이 잘 어울릴 것 같아요.

기도를많이 하시니까십자가
옷이 잘어울릴것같아요

십자가 옷이 잘 어울릴 것 같아요.　　　최효주

이 보라색 드레스는 십자가에 대한 오마주인 것 같습니다. 무려 13개의 십자가가
옷의 윤곽을 따라 빼곡히 수놓여 있습니다. 그러고 보니 교황님은 세상에서 기도를
가장 많이 하시는 분일지도 모르겠네요. 매일 만나는 수많은 사람들을 위해
끊임없이 기도하실 테니까요. 커다란 쟁반 같은 얼굴에 특이하게 표현된 눈의 표정을
보니 기도해 줄 사람을 찾느라 늘 주위를 살피는 교황님의 모습이 떠오릅니다.

아빠들이 입는 양복이에요.
맨날 하얀색만 입으시는 것
같아서 검정색도 입어 보시면
좋을 것 같아서요.

검정색도 입어 보시면 좋을 것 같아요.   황 연 서

연서는 교황님에게 검정색 옷을 권하고 있습니다. 맨날 입는 하얀색이 지겹지 않으시냐는 질문 같기도 하네요. 연서는 이 그림에서 뛰어난 색채 감각을 보여줍니다. 검정색 틈으로 보이는 연보라색과 하늘색 소매가 이루는 멋진 조화는 초록색 모자와 빨간색 꼭지에서 절정을 이루고 있네요. 들어 올린 팔과 꼼지락거리는 손짓은 자신의 멋진 모습에 찬사를 보내는 사람들을 위한 것입니다. 파란색 별 같은 십자가가 반짝하며 교황님의 목에서 빛나고 있습니다.

축구 옷이에요.
교황님께서 축구를
좋아하시니까요.

축구옷이에요.교황님께서 축구를
좋아하시나까요.

축구 옷이에요.   심지훈

지훈이가 그린 교황님은 그동안 우리가 알고 있던 이미지와는 많이 다른 모습입니다.
'축구 옷'을 입고 나오시긴 했지만 분위기는 비보이 선수인데요. 그것도 세계적인
무대에서 활동하는 챔피언 급 같습니다. 멋지게 돌려 쓴 모자와 자신감이 넘치는 눈동자
그리고 강력한 어깨와 유연한 걸음걸이를 보세요. 폭력의 공포 속에서도 평화와 안식을
찾고 어려운 현실에서 벗어나려는 자유의지를 표현하는 비보이 챔피언들!
교황님도 이들의 팬인가 보네요.

요리사 옷이에요.
교황님이 요리를 잘하실 것
같아서요.

요리사 옷이에요. 신희준

희준이는 요리사의 옷을 디자인했습니다. 교황님이 요리를 잘하실 것 같다는 인상을
받았나 봅니다. 그분에게서 그런 느낌을 받은 걸 보면 희준이는 제법 사람 볼 줄 아네요.
왜냐고요? 교황님은 자신만의 레시피를 갖고 있을 정도로 정말 요리를 잘하시거든요.
그런데 옅은 올리브색 앞치마를 두르고 우리 앞에서 환하게 웃고 계신 그분이 정말
바티칸에서 오신 그분이 맞을까요?

주황색 옷이에요.
더 따뜻해 보일 것 같아요.
교황님이 형이랑 싸우지
말라고 이야기해 줬으면
좋겠어요.

형이랑 싸우지 말라고 이야기해 줬으면 좋겠어요.   주 용 현

이 그림을 보니 우리는 용현이가 누구를 그렸는지 알 수 있겠네요. 이제는 누구나 흰색 모자와
십자가가 교황님의 표식이란 걸 아니까요. 그런데 이 그림에선 묘한 긴장감이 흐르고 있습니다.
용현이가 형하고 막 싸우는데 갑자기 교황님이 나타나 싸움을 말리셔서 그럴까요? 편지글도
걸작입니다. 형이랑 싸우지 말라고(교황님이 자기한테) 충고해 줬으면 한다는 겁니다.
두 형제의 주먹을 교황님의 주먹과 비교해 보세요. 아직도 화가 안 풀린 것 같습니다.

주황색옷이어서요.
더 따뜻해보일것 같아요
주용현

교황님아희이랑 싸우지말라고
이야기해줬요 먼줄겠어요

세 번째 편지
교황님, 우리랑 놀아요.

" 저랑 요리하는 교황님.
교황님, 저하고 축구해요.
기도를 가르쳐 주세요. "

교황님께 옷 선물을 보내 드린 아이들.
이제 교황님과 함께 해 보고 싶은
일들을 상상해 봅니다.

교황님과 함께 노는 아이들 이야기

기도하시는 교황님   김 예 담

금빛 옷을 입으신 교황님은 십자가의 숲 속에서 기도 중이십니다. 두 손을 모으고 기도에
집중하고 계신 표정에 평화로움이 가득합니다. 세상은 그분의 기도에 고요함으로
응답하는 듯하네요. '힘든 사람'을 위해 기도해 달라는 예담이의 부탁이 있었기 때문입니다.
여러 가지 빛을 내는 아름다운 십자가들은 교황님을 어디론가 신비한 세계로 인도하는 것 같습니다.
그곳은 무거움이 느껴지지 않는 곳일까요?

하늘을 날으시는
교황님이에요.
하늘을 날다가 아픈 사람,
괴로운 사람, 슬픈 사람이
있으면 땅으로 내려가서
도와줘요.

하늘을 날으시는 교황님이예요
하늘을 날다가 아픈사람, 괴로운사람,
슬픈사람이 있으면
땅으로 내려 가서 도와줘요.

하늘을 '날으시는' 교황님이에요.   이 서 진

이 그림에서 서진이는 대담한 결정을 내린 것 같습니다. 그림 아래에 그려진 지상의 풍경은 올망졸망한 것들로 채워져 있습니다. 집과 건물, 성당, 나무, 사람들 그리고 그 위로 솟아오르는 별들과 하트도 있네요. 반면에 그림의 위쪽은 하늘을 날고 있는 행복한 교황님과 그 친구들인 태양과 구름이 있습니다. 풍성한 구름은 교황님의 최측근으로서 그 존재감을 드러냅니다. 아마 이 구름이 없었다면 교황님의 비상 자체가 불가능했을 것 같네요. 지상을 향한 교황님의 음성을 표현한 노란색 사선은 화면 전체에 소리의 감각을 불어넣고 있습니다.

아픈 사람을
고쳐 주시는 교황님

아픈 사람을 고쳐 주시는 교황님   명 지 운

여러 겹의 선으로 감싸 그리는 방식은 지운이만의 것입니다. 양파껍질 같은 이 그림은 대상의
움직임이나 마음 상태를 나타내 주는 것 같은데 여기서는 둘 다인 것 같네요. 근데 한 가지 분명한
것은 무언가 다급한 상황이 벌어지고 있다는 점이죠. 붉으락푸르락 상기된 얼굴 표정과 의약품을 들고
소리치고 있는 교황님! 구급차에서도 빨갛고 파란 사이렌 소리가 요란합니다. 삐뽀삐뽀-교회를
전쟁 중의 야전병원으로 비유하신 교황님 말씀을 지운이는 알고 있었나 봅니다.

아픈사람을고쳐주시는 꼬왕님

사람들과 함께 축구를 하는 교황님   배승윤

이 그림은 보는 사람의 운동 감각을 한껏 자극하고 있습니다. 경기가 시작되기가 무섭게 축구공과 뒤범벅이 되어 뛰고 있는 선수들을 보세요. 축구공처럼 표현된 손과 발, 얼굴이 모두 선수들의 높은 몰입도를 보여주고 있습니다. 누가 누군지 알아볼 수도, 알 필요도 없는 한판 축제가 벌어졌습니다. 승윤이는 정말로 교황님과 이렇게 한번 신나게 놀아 보고 싶었나 봅니다. 간략하게 그린 골대는 왁자지껄한 경기장의 에너지와 멋진 대비를 이루며 그림의 품격을 높여 주네요.

사람들과 함께 축구하는
교화 뉘

교황님께서
발표를 하고 있어요.
서로 나눌 줄 모르는
사람들에게 그런 것을 알게
해 주는 발표를 하고 있어요.

교황님께서 발표를 하고 있어요. 고은준

드디어 교황님께서 발표를 시작하셨습니다. 서로 나눌 줄 모르는 사람들에게 나누는 방법을 알려
주시는 중대 발표를! 그런데 교황님 앞에 나란히 놓인 크고 작은 돌덩이 같은 물건들은 무엇일까요?
놀라지 마세요. 이것은 마치 마침표와 쉼표처럼 쓱쓱 그려진 사람들의 뒷모습입니다. 정말 멋진
표현이네요. 사람들의 모습이 단순한 기호로 그려졌는데도 누가 남자고 여자인지 한 눈에 알 수
있습니다. 그분의 발표에 집중하는 사람들의 뒷모습에서 숙연한 느낌까지 전해져 오네요.

교향늠게서 발표하고 있어요
서로 나눌줄 모르는
사람들에게 그런건을
알게해주는 발표를 하고있어요

저랑 요리를 하는
교황님의 모습이에요.

저랑 요리를 하는 교황님   신 희 준

희준이랑 함께 요리에 열중하고 계신 분은 분명 바티칸에서 오신 그분이 맞는 것 같네요.
요리를 하면서도 커다란 십자가를 목에 걸고 환하게 웃고 있는 걸 보면 말입니다. 그러고 보니 희준이도
햇님도 똑같은 함박웃음을 지으며 신나게 요리를 하고 있네요. 어디선가 나타난 초록색 비행 물체도
이 장면을 놓치지 않고 있습니다. 옆에 그려진 대형 그릴과 조리하는 분위기를 보니 오늘의 메뉴는
돼지고기 바비큐일 것 같습니다. 정말 맛있겠다!

저랑 요리하는고슴도치 할님모습이예요

46 page

미사를 봉헌하시는 교황님   김나예

나예는 교황님의 수단을 누구보다도 정확히 그리는 실력을 보여준 뒤 넓은 소매의 한복을
디자인했습니다. 편하게 입으시라는 겁니다. 교황님은 지금 그 옷을 입고 미사를 '봉헌'하고 계시네요.
이 성당에서 미사를 '봉헌'하기 '원'하셨던가 봅니다. 아주 상징적인 그림인데도 이상하게 보면 볼수록
실제로 미사에 참여하는 것처럼 현실감이 느껴지네요. 흰 벽에 높이 걸린 붉은 십자가와
알록달록 그려진 사람들이 묘한 대조를 이루어서 그럴까요?
가로로 그은 수평선에서 가지 친 듯 생겨난 마이크도 일품입니다.

미사를 봉헌 하시는 교황님

미사를 봉헌하는 교황님   김이현

결국은 이현이가 바라던 대로 교황님이 검정 양복 차림으로 미사를 봉헌하고 계십니다. 하늘색 모자와
노란 장갑, 빨간 구두가 눈길을 끄는데 목 부분의 커다란 꽃은 더욱 특별하네요. 장미꽃인가요?
그분의 방한을 기념하여 에콰도르에서 6천 송이의 장미를 보냈다더니…. 올망졸망 모여 앉아 하나같이
웃음꽃을 피우고 있는 사람들을 보세요. 아주 행복해 보입니다. 이렇게 멋진 옷을 입은 교황님과
함께 드리는 미사에 꼭 참석하려고 달려왔나 봅니다.

미사를 봉헌하는 교황님

나랑 친구들이랑 놀이하는 교황님   김보민

교황님을 편하게 해 드리겠다는 보민이의 마음은 옷을 디자인하는 데 그치지 않고 그분을 자기 친구로 표현하는 데까지 나아갔습니다. 교황님은 이제 보민이의 수줍은 친구가 된 것 같습니다. 여기 있는 그분을 누가 교황님으로 알아볼 수 있을까요? 보민이의 친절한 화살표가 없었다면 말이죠. 근데요, 힌트가 하나 있긴 합니다. 마름모 형태로 서 있는 사람들이 보이지 않는 십자가를 이루고 있는데 교황님이 계실 자리는 그 꼭대기일 테니까요.

교황님이 사람들과
축구를 해요.

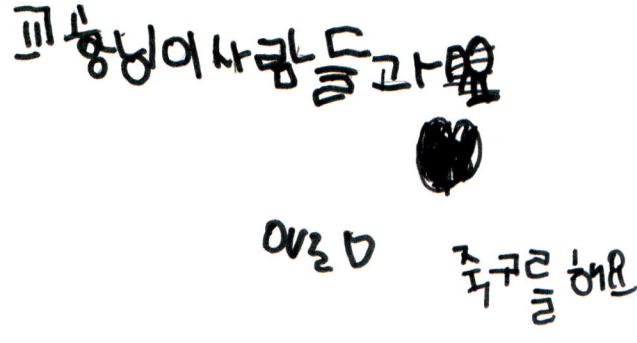

61 page

교황님이 사람들과 축구를 해요.　　　　박 선 우

드디어 본격적인 게임이 시작되었습니다. 사람들도 청중석에 앉아 느긋하게 경기를 즐기고 있습니다. 그런데 이게 어떻게 된 걸까요? 상대편 골대가 이쪽으로 이사를 와 있네요. 서로 마주하고 있어야 할 두 골대가 사이좋게 나란히 서 있는 돌발 상황이 벌어졌습니다. 그래도 색깔은 다르네요. 선수들은 아랑곳하지 않고 경기에만 열중하고 있습니다. 이 와중에 교황님의 등번호도 81번으로 바뀌었고요. 하지만 무슨 상관이겠어요? 그분과 이처럼 신나는 축구 경기를 하고 있는데 말이죠.

저와 함께 놀이하는 교황님   강민성

민성이는 교황님을 모시고 들판으로 나왔습니다. 이곳은 어디일까요? 하늘에는 비행 물체가 날고 있고 오른쪽에는 정체불명의 건물과 SF영화에서 본 자동차도 있습니다. 뿐만 아니라 축구공도 있고 심지어 개미까지 한 마리 나와 있네요. 민성이의 세계는 정말 재밌고 묘한 분위기가 감도는 곳이네요.
그런데 두 사람은 여기서 무슨 놀이를 하고 있는 걸까요? 궁금하신 분은 파란 옷을 입으신 교황님의 왼손을 잘 보세요. 놀라셨죠? 무선조종기 박스입니다.

저와 함께 놀이하는 교황님

기도를 모르는 사람들에게
기도를 가르쳐 주시는 교황님

100 page

기도를 모르는 사람들에게 가르쳐 주셔요.   최 효 주

어? 처음 그림에서 그렇게 많았던 십자가들은 다 어디로 갔나요? 아마도 교황님이 기도를 시작하시자
옷 속으로 자취를 감췄나 봅니다. 사람들이 기도에 집중할 수 있도록 말이죠. 눈매도 완전히 바뀌었네요.
두 개의 단순한 선으로 그려진 교황님과 효주의 두 눈은 이 기도가 아주 중요하다는 걸 말해주듯
꼭 감겨 있습니다. 그림을 보는 사람들까지도 저절로 눈을 감게 만드는 것 같네요.
'기도를 모르는 사람들'을 위한 기도이기 때문일까요?

기도를 모르는 사람들에게 기도를 가르쳐 주시는 교황님 최효주

과학을 하고 있어요.
신비한 약을 만들어요.
고장 난 곳에 한두 방울
떨어뜨리면 고쳐져요.

86 page

신비한 약을 만들고 계세요.   장우준

실험실로 들어오신 교황님은 치마와 스카프를 벗어 놓고 실험에 열중하고 계십니다.
머리 위에선 빨강, 파랑 전등이 아래쪽으로 빛을 내려보내고, 바닥에는 색색의 플라스크와
병이 놓여 있습니다. 실험이 한창 진행 중인지 마개는 모두 꼭꼭 닫혀 있는데 그 안에 담긴
약품은 빨강, 파랑, 녹색으로 빛의 삼원색입니다. 그분이 만드는 신비한 약이니까요.
이 약을 한두 방울만 떨어뜨리면 '고장 난 곳'이 모두 고쳐진다니 이제 걱정 끝!입니다.

교황님께서 아픈 사람을
치료해 주시고,
사람들은 행복해요.

90 page

아픈 사람을 치료해 주셔요. 　　김승모

교황님이 병실에서 진료를 시작하시며 밝은 표정으로 사람들을 맞이하고 계십니다.
이전에는 과감하게 표현했던 교황님의 모습이 여기서는 아주 부드러운 분위기로
바뀌었습니다. 몸의 움직임이 유연해졌고 손발의 디테일도 두루뭉술해졌습니다. 환자들도
의사 선생님과 편안하게 얘기를 주고받고 있네요. 여기는 교황님의 진료실이니까요.
그러고 보니 교황님은 사람들의 마음을 치료하는 데 특별한 재주가 있나 봅니다. 이제부터
교황님께 진료를 받고 싶은 사람은 승모를 통해 예약을 해야 할 겁니다.

저와 요리하는 교황님

저와 요리하는 교황님이에요.   김선우

아무래도 선우는 요리보다 이 미남 셰프에게 더 관심이 가는 것 같습니다. 주방엔 핑크빛 분위기가 감돌고 스파게티는 이미 관심 밖입니다. 선우는 셰프에게 은은한 눈길을 보내고 있는데 오늘의 주인공은 살짝 당황하는 표정이네요. 그러나 오해는 마세요. 선우는 요리를 핑계로 교황님과 둘이서만 아기자기한 이야기를 나누고 싶었을 뿐입니다. 이 장면은 선우의 마음속에 예쁜 추억으로 오래오래 남을 겁니다.

친구들과 축구를 했으면 좋겠어요. 빨간색 옷이에요. 빨간색 옷은 빛을 낼 수 있으니까요.

친구들과 교황님이 축구를 해요.   김민재

민재는 교황님에게 빨간색 옷을 입혀 드리고 축구장으로 나왔습니다. 그런데 선수들의 유니폼을 보면 디자인 과정에서 민재가 했던 고민을 엿볼 수 있습니다. 이 그림에서 색상 말고 세 사람을 구별할 수 있는 유일한 요소가 무엇인지 여러분은 알 수 있으신지요? 그건 바로 머리에 붙어 있는 꼭지입니다. 교황님의 모자에 있는 거지요. 꼭지 하나로 주인공에게 캐릭터를 부여하는 민재의 재치가 놀랍습니다. 색상의 처리도 신중하네요. 교황님 옆에서 분위기를 잡고 있는 친구들의 바지와 티셔츠에는 파란색과 빨간색을 서로 어긋나게 입혔습니다. 그래서인지 여러 가지 색을 쓰지 않았는데도 활기찬 느낌이 드네요.

교황님이 아이들과 축구를
했으면 좋겠어요

아이들과 축구를 해요.   김정연

교황님은 아이들과 함께 축구를 하러 나오셨습니다. 양쪽으로 하늘색 골대가 버티고 있고 경기가
시작되는 지점인 센터서클까지 표시된 번듯한 경기장이네요. 이제 신나게 한판 벌이면 되겠습니다.
그런데 선수들의 표정이 왜 이럴까요? 이게 아닌데… 하는 표정으로 한곳을 쳐다보고 있습니다.
선수들의 눈길을 따라가 보니, 앗! 정체불명의 시커먼 물체가 시야를 꽉 메우네요. 이걸 어떻게 해야
할까요? 발로 차기엔 좀 부담스러운데… 이게 축구공일까, 아니면 좀 전에 우주에서 날아온 운석일지도!

교황님이 아이들한축결핬으면 좋재씨어요

사람들과 만나는 교황님   박 예 선

교황님이 지금 막 포프 모빌(Pope mobile: 교황님의 의전차량)을 타고 나타나셨네요.
태극기를 모티프로 한 듯한 멋지고 세련된 자동차 디자인입니다. 교황님은 방탄유리에는 아랑곳하지
않으시고 밖으로 몸을 쑤욱 내밀어 환호하는 사람들과 살며시 눈인사를 주고받고 계십니다.
예선이는 2014년 8월 광화문에서 있었던 교황님의 시복식을 기억하고 있었나 봅니다.
한 줄로 늘어서서 그분을 환영하는 사람들도 반가운 마음에 두 손이 모두 활짝 피어났습니다.

사람들과 만나는 교황님

꼴가닥.
아멘.
아멘.

꼴까닥. 아멘!   황 연 서

이 그림에서는 공간 분할 방식이 눈에 띕니다. 연서는 주어진 화면을 상하좌우로 크게 나누고 있네요.
위쪽에는 십자가와 죽은 사람을, 아래쪽에는 교황님과 연서를 그렸습니다. 교황님의 머리 위에
수직으로 초록색 십자가를 놓아 그분이 드리고 있는 기도에 큰 의미를 부여하고 있습니다.
오른쪽 위에 그려진 침대와 인물은 안타깝게도 이미 '꼴까닥' 하늘나라로 올라갔습니다.
슬픈 장면인데도 유머와 재치 그리고 아름다움이 신중하게 짜여진 구도 속에 펼쳐져 있습니다.

축구옷이에요. 축구를
좋아하시니까요.

축구를 좋아하시니까요.   주성우

성우는 평소에 그림을 자주 그리는 친구인 것 같습니다. 연필로 살짝 밑그림을 그린 것 같은데 펜을
갖고 노는 것처럼 보일 정도로 드로잉 실력이 돋보이네요. 성우는 한번 선을 긋기 시작하면 중간에서
멈추거나 머뭇거리지 않고 하나의 형태를 완성해 냅니다. 특히 손가락과 발을 보세요. 선수들의 몸에서
분출하는 에너지가 발끝과 손가락 하나하나에 그대로 표현되어 있네요. 큼직하게 그려진 등번호의
독특한 그래픽도 근사합니다. 경기가 잘 안 풀리는지 인상을 쓰고 있는 상대 선수의 얼굴을 슬쩍
살펴보시는 교황님의 표정을 보니 빨간색 팀이 이기고 있나 봅니다.

축구옷이에요 축구를좋아해시니까요
주성우

아픈 사람을
치료해 주시는 교황님

아픈 사람을 치료해 주시는 교황님   권 도 연

아! 여기 다친 사람이 나타났습니다. 무릎은 깨져서 피가 철철 흐르고 눈물도 따라서 흘러넘칩니다.
이 정도를 가지고 뭐 그리 호들갑이냐고 나무라실 분도 있겠지만 오죽 아팠으면 상처 난 쪽의 발가락이
바지 속으로 바짝 옴츠러들었을까요? 다른 쪽 발은 중심을 잡느라 온몸의 체중이 실려 크게 부풀어
올랐네요. 아주 실감 나는 상황입니다. 상처의 아픔이 우리에게도 마구 전해져 옵니다.
다행히 교황님이 곁에서 치료해 주신다니 마음이 놓이네요.

아픈사람을 치료해주시는교황님

사람들과 소풍 가신 교황님   장인희

인희는 교황님과 함께 들판으로 소풍을 갔습니다. 하늘에는 불타는 태양이 파란색 구름 열차를 끌고 따라왔네요. 소용돌이 바람 가족도 신이 났습니다. 두 사람은 들뜬 마음에 툭 소리가 나듯 무릎을 굽히고 마주 앉아 오손도손 이야기꽃을 피우고 있습니다. 정말 오랫동안 기다려온 둘만의 시간입니다. 교황님은 투명한 소풍 가방 안에 삼각 샌드위치를 싸 오셨네요. 이 소풍은 맨 아래의 풀밭에서부터 돗자리, 두 사람, 바람, 구름과 태양 그리고 글씨의 여섯 가지 이미지 층이 차곡차곡 쌓여서 만들어진 행복한 풍경입니다.

사람들과 소풍 가신 교황님

에필로그

교황님이 아이들에게 보내온 답장

2015년 9월, 로마 교황청에서 보내온 답장을 받았습니다.
편지를 통해 교황님과 가까워진 것만 같습니다.
교황님, 고맙습니다. 사랑합니다.

교황님이 보내주신 강복장

SEGRETERIA DI STATO

PRIMA SEZIONE · AFFARI GENERALI

Dal Vaticano, 9 Settembre 2015

Cari Bambini,

Papa Francesco ha molto gradito i graziosi disegni e pensierini che avete voluto amabilmente inviarGli, per il gentile tramite della Prof.ssa Serena Kim.

Egli vi ringrazia per l'affettuoso gesto e, mentre chiede il favore di pregare per Lui, vi incoraggia a seguire sempre Gesù, il vero amico fedele, per costruire con Lui «un mondo migliore nell'amore».

Affidandovi alla protezione materna della Madonna, Sua Santità imparte di cuore la Benedizione Apostolica, augurandovi di camminare sempre, insieme agli amati familiari, sulla via della gioia, della solidarietà e della pace.

Anch'io vi saluto cordialmente, augurando ogni bene nel Signore.

Mons. Peter B. Wells
Assessore

Ai Bambini
dell'Asilo S. Teresa
SUWON

(con allegato)

교황청 국무성   바티칸, 2015년 9월 9일

사랑하는 어린이들에게,

프란치스코 교황님은 여러분들이 김 세레나 교수님을 통해,
사랑을 담아 보내 준 멋진 그림과 어여쁜 생각을 대하시고
매우 기뻐하셨습니다.

교황님은 여러분들의 사랑 가득한 손짓에 고마워하시며,
여러분들이 교황님을 위해 특별히 기도해 줄 것을 요청하시고,
참된 믿음의 친구이신 예수님을 항상 따르며 그분과 함께
'사랑으로 더 나은 세상'을 만들어 갈 것을 당부하셨습니다.

교황님은 성모님의 보호에 여러분을 맡기고, 사랑하는 가족들과 함께
기쁨과 연대 그리고 평화의 길로 나아가길 기원하셨습니다.

저도 여러분들이 주님 안에서 모든 일이 잘되기를 바라며
마음으로 인사드립니다.

몬시뇰 피터 B. 웰스
교황청 국무성 비서관

———

수원시 데레사유치원 어린이들에게

교황 님 사랑해요~ 답장을 보내주니 저희도 답장을 쓸 어요

김선우 올림

프란치스코

교황님 께

교황님 감사합니다. 건강하세요. 도연올림

프란치스코교황님 안녕하세요 교황님

사랑하는 교황님 저희에게 편지 보내주셔서 고맙습니다. 착한어린이가 되겠습니다.
도연

교황 남답장을보내주셔서 감사합니다. 그리고 사랑해요.
효주 大요.

프란치스코교황님 안아 기있으세요.
민성올림.

프란치스코 교황님은 인자는 절을 하셨어요.

프란치스코 교황님께
안녕하세요?
아픈사람들을
위해기도해
주셔서 감사합
니다 사랑해요^^
서윤이드림

프란치치스코
교황님
평소에는 뭐하세
요? 배승윤 올림

프란치스코 교황님
아프지 말고 ...
해요. (은석올림)

프란치스코
교황님,
아픈사람들을
위해 기도해
주셔서 감사 합니다^^
그리고 사랑해요
-현수올림-

프란치스코
교황님,
아픈사람들을
위해 기도해주셔서
감사 해요. 그리고 사랑해요♡
-나예올림-

프란치스코
교황님
안녕하세요
저 예은이예
요 그동안
에저는 잘
있었어는
대교황님
은 잘계셨
어요! 사랑해요

프란치스코 교황님
안녕하셨세요
그동안 잘지셨어요
궁금한걸이쓸어요
교황님은심심할때
모하새요? 수진올림

아이들의 그림편지에 담긴 메시지

아이들의 손 편지, 마음 편지들을 보면서 자연스레 "나는 너희를 친구라고 불렀다."(요한 15:15)라는 예수님의 말씀이 떠올랐습니다. 친구 사이에만 주고받는 이야기들이 그 속에 담겨 있었기 때문입니다. 절친한 친구들은 서로의 안부를 궁금해 하고 틈만 나면 함께 놀고 싶어 하기 마련인데, 이 책의 주인공인 아이들과 교황님이 바로 그런 사이로 보입니다. 여기에 소개된 아이들의 그림편지는 또래 친구들은 물론 어른들에게도 시사하는 바가 큽니다. 그중에서도 특별히 눈길을 끄는 몇 가지 측면이 있어 흐뭇한 마음으로 적어 봅니다.

첫째는 바로 아이들의 유쾌한 정서입니다. 최근 교회 안팎에서는 '해학의 신학'이라는 말이 회자되고 있습니다. 프란치스코 교황님은 "웃을 줄 아는 사람은 행복하다. 그에게는 기쁨이 멈추지 않을 것이다."라고 말씀하셨습니다. 그분은 웃음이 사라진 현대 사회에서 '조문객의 얼굴을 한 신앙인'이 되지 말고 기쁨의 바이러스를 확산시키는 신앙인이 되라고 촉구하시며, 「복음의 기쁨」을 첫 회칙으로 내놓으셨습니다. 그리스도교 해학의 원천은 자비하신 하느님에 대한 깊은 신뢰에 있습니다. 신앙이 깊은 사람은 자신의 한계를 깨닫고 겸허한 자세로 하느님께 모든 것을 의탁합니다. 일상의 크고 작은 문제들에 집착하지 않고 자기 존재의 근원이신 하느님께 고개를 돌립니다. "이런 상황에서 웃음이 나오느냐"고 할 만한 경우도 있겠지만, 걱정한다고 해서 문제가 해결되는 것도 아니지요. 오히려 유머를 잃지 않으면 생각의 폭이 넓어지고 마음이 진정되며, 길이 열리는 경우가 많습니다. 하느님에 대한 깊은 신뢰 속에서 웃을 줄 아는 사람은 자신의 나약함과 부족함, 무능함과 부끄러움, 죄책감 등을 신앙으로 극복하며 그분께 달려갑니다.

둘째는 아이들이 그림에 담아낸 교황님의 역할입니다. 그림편지 속의 교황님은 가까이하기 어려운 분이 아니라 아이들과 함께 축구를 하며 땀을 흘리고, 기도와 치료, 요리를 마치 놀이처럼 하는 친근한 분입니다. 아이들은 '웃는 옷' 차림의 교황님을 기쁨의 메신저로 소개하고, 편한 게 최고라는 듯이 바지와 티를 입혀 드리기도 합니다. 아이들의 편지엔 어른들의 뒤통수를 치는 기발하고 유쾌한 모습의 교황님이 담겨 있습니다. 분열과 상처로 얼룩진 마음을 보듬고 고통 중에 있는 사람을 위해 기도하며 복음의 말씀으로 맛있는 밥상을 차리느라 동분서주하시는 교황님의 진면목을 이 아이들은 어떤 수도자나 신학자보다도 거울처럼 맑게 비추어 냅니다.

셋째는 "그 옷밖에 없으세요?"라는 질문입니다. 프란치스코 교황님의 강론이 세계인들의 큰 공감을 얻었던 이유는 '내용의 새로움'보다 '형식의 신선함'에 있었을 것입니다. 복음의 말씀을 우리 시대에 맞는 언어와 감성으로 생생하게 전해 주시기 때문이지요. 교황님은 신학적인 논리보다 사목자로서의 경험을 토대로 누구나 쉽게 알아들을 수 있는 언어로 말씀하십니다. 그런 점에서 어린이들이 교황님께 던진 이 질문은 호소력이 강하고 작지 않은 파장을 만들어 냅니다.

이 질문에서 '옷'을 빼고 그 자리에 다른 여러 가지 말을 넣어 봅시다. 가령 우리 시대의 그리스도인들에게는 "세상이 이토록 혼란스러운데 여러분은 그 말씀밖에 내놓을 게 없으세요?"라고 되물을 수 있습니다. 요즘 세상을 떠들썩하게 만들고 있는 테러집단에게는 "여러분을 이해합니다. 그렇지만 그 방법밖에 없으세요?"라고 물을 수 있을 것입니다. 이처럼 아이들의 질문은 가톨릭교회의 권위적이고 보수적인 측면에 대한 상큼한 질타로 들릴 수도 있고, 배타성과 폭력성에 대한 인류 공동의 책임을 촉구하는 목소리가 될 수도 있습니다.

네 번째는 아이들의 그림편지에 동양적인 정서와 우리의 현실이 묻어 있는 점입니다. 교황님은 왜 하필 하얀 옷을 입으시는지, 왜 반지를 끼시는지, 한국에 어떻게 오셨는지 등의 질문은 그리스도교 문화권에서 태어나 자라는 유럽의 아이들에게선 나오기 어려운 질문일 것입니다. 가톨릭 문화권에선 교황의 존재가 너무도 당연하기에 교황님이 결혼은 하셨는지, 친구는 있으신지, 행복하신지 그리 궁금해 하지 않을 테지만 우리 아이들에게 교황님은 분명 먼 데서 온 '친하고 싶은 친구'입니다. 아마도 "그 옷밖에 없으세요?"라는 물음은 교황님에게 보내는 공식적인 질문으로선 세상에서 처음이 아닐까요? 그렇다고 아이들의 편지에 행복한 웃음만 있는 것은 아닙니다. 아프고 힘들게 살아가는 이웃을 안타깝게 바라보는 아이들의 눈길이 곳곳에 숨어 있어 어른들을 부끄럽게 합니다. 아이들이 그린 교황님은 이목구비가 작고 동그란 동양적인 얼굴에, 색동옷을 연상시키는 수단을 입고 계십니다. 심지어 부처님의 모습을 닮은 교황님도 있지요. 그분의 표정, 자신들을 반기시는 몸짓 그리고 목에 걸린 십자가와 모자, 신발 등의 소품도 아이들은 놓치지 않습니다. 하느님은 디테일 속에 계시는 분이라는 것을 이미 알고 있다는 듯 말입니다.

하느님께서 가장 기뻐하시는 건 아이들의 맑고 건강한 생각과 바람이라는 것을 여러분께서 이 책을 통해 다시금 느끼게 되었으면 합니다. 또한 아이들은 또래 친구들의 생각을 엿볼 수 있는 기회를 갖고, 어른들은 아이들의 순수한 질문에 저마다의 답을 모색하는 가운데 깊은 깨달음이 있기를 바랍니다.

김혜경 대구 가톨릭대학교 교수

교황님, 그 옷밖에 없으세요?
프란치스코 교황님에게 아이들이 보내는 그림편지

수원 데레사 유치원 어린이들 그림 / 이민 해설

2015년 12월 15일 초판 1쇄 발행

펴낸이	이민 · 유정미
디자인	홍디자인 (박고은, 채승원)
펴낸곳	이유출판
출판등록	2008년 10월 28일 (제25100-2008-000049호)
주소	서울시 서대문구 독립문로14길 33, 208-802
전화	02-6356-1118
이메일	iubooks11@naver.com
값	18,000원

(교회인가 2015년 12월 2일)
ISBN   979-11-953255-2-8 (03230)
저작권법에 따라 보호받는 저작물이므로 무단전제와 복제를 금합니다.

이 책을 기획하고 그림 해설을 쓴 이민은 건축가입니다.
유치원 설계를 하면서 아이들의 세계를 엿보게 되었고, 그 세계를 책으로 만들고 있습니다.
충남대학교, 서울대학교 환경대학원을 거쳐 이탈리아 로마대학교 건축대학원에서 수학한 후
나폴리에서 활동했습니다. 1996년 베니스비엔날레, 2002년 광주비엔날레에 출품하였으며
건축가협회상, 서울시건축상, 김수근문화상을 수상했습니다.
다수의 교육시설, 주거, 미술관 등을 설계하였고 현재 (주)이손건축의 대표입니다.